RAPPORT

SUR LE

COMBAT DE TRÉON

SOUTENU PAR

Le 2ᵉ Bataillon Mobile d'Eure-et-Loir

17 Novembre 1870

CHATEAUDUN, IMPRIMERIE HENRI LECESNE

A Monsieur

LE COLONEL DE LA MARLIÈRE,

Commandant le 63ᵉ régiment de marche.

Mon Colonel,

J'ai l'honneur de vous adresser le rapport que vous avez bien voulu me demander sur l'engagement soutenu à Imbermais, près Tréon, dans la journée du 17 novembre 1870.

Après l'exercice du matin, le 17 novembre 1870, le deuxième bataillon mobile d'Eure-et-Loir était rentré dans ses cantonnements du bourg de Tréon, lorsqu'à deux heures et demie de l'après-midi le commandant, M. Bréqueville, fit battre la générale.

Arrivée la première au lieu de réunion, la septième compagnie, que je commande, fut placée à la tête de la colonne, qui se dirigea immédiatement au pas accéléré sur le hameau d'Imbermais, distant de Tréon d'environ deux kilomètres ; le commandant se mit à ma droite pour conduire le bataillon ; il était accompagné d'un guide venu d'Imbermais : un homme brun, d'environ quarante ans, d'une taille au-dessus de la moyenne, vêtu d'une blouse bleue, d'un pantalon gris-foncé et d'une casquette. Nous allions tenter, me dit M. Bréqueville, de surprendre une centaine d'ennemis qui lui étaient signalés. Les armes furent chargées sans que la marche en fût sensiblement ralentie.

A hauteur des premiers bois qui montent de Tréon vers Imbermais, parut sur notre droite un cabriolet qui se dirigeait vers nous au galop et à travers les terres labourées ; le commandant se porta à sa rencontre en me prescrivant de continuer le mouvement. Quand il me rejoignit, il se borna à me dire qu'il craignait un mouvement général de l'ennemi sur la ligne de Dreux. Néanmoins, les deux premières escouades de la 7e compagnie, sous le commandement du sergent Coche et conduites par le guide, furent détachées sur notre droite pour éclairer la lisière des bois, au milieu desquels notre colonne continua sa marche par un chemin assez large, qui nous permit de nous former par demi-sections.

Ce chemin aboutit à une pièce de terre large d'une cinquantaine de mètres, après laquelle un dernier bouquet de bois-taillis, s'appuyant par sa droite aux bâtiments d'Imbermais, ne nous offrait plus de chemin praticable.

Notre commandant fut donc obligé à descendre de cheval, pendant que j'engageais ma première demi-section dans ce taillis ; mais nous y avions à peine fait quelques pas quand un certain trouble se manifesta dans les rangs des hommes qui me suivaient ; je me retournai et vis M. Bréqueville qui se rejetait vivement en arrière, sur la lisière du bois que nous venions de quitter, en commandant d'une voix haute et pressée : « Tous ici ! tous dans ce bois ! » Au même instant, sur notre front et sur notre gauche, nous étions assaillis, de moins de cent mètres, par une violente fusillade. Pour exécuter le mouvement commandé, il nous fallut de nouveau traverser la pièce de terre qui sépare les deux bois et sur laquelle trois de mes hommes tombèrent morts ; plusieurs furent blessés ; mon lieutenant, M. Yvon, s'emparant d'un fusil, engagea le feu le premier, dans le champ même et à découvert.

A la lisière du bois sur laquelle se tenait M. Bréqueville, je formai immédiatement ma compagnie en tirailleurs, et je dois rendre aux gardes mobiles cette justice de dire que, s'ils furent surpris par le feu de l'ennemi, ils n'en parurent pas ébranlés ; car le feu s'engagea intense, nourri, et se soutint de part et d'autre environ un quart d'heure sans faiblir. Je remarquai encore une fois sur ma ligne de tirailleurs mon lieutenant, M. Yvon, qui n'avait pas quitté le fusil dont il était armé, et tirait avec acharnement.

La 5e compagnie qui, dans la marche en colonne, suivait immédiatement la 7e, s'était portée sur notre droite, conduite par son capitaine, M. Legrand, dont j'avais pu constater le calme et le sang-froid sous le feu. Cette compagnie, que nous ne pouvions plus voir, mais dont nous entendions les feux, avait de son côté engagé une fusillade dans laquelle le sous-officier Seré de Lanauze se fit remarquer par son ardeur, ainsi qu'un certain nombre de tirailleurs qui, me dit-on, épuisa ses cartouches [1]. Enfin, sur notre gauche, deux compagnies du 4ᵉ bataillon, dont l'une commandée par M. le capitaine Roche, étaient également engagées.

Mais après un quart d'heure de fusillade soutenue, comme si de nouvelles forces entraient en ligne, le feu de l'ennemi redoublait d'intensité alors que le nôtre faiblissait. Le bois Daloyau, sur la lisière duquel nous nous appuyions était littéralement haché par les projectiles, et les éclats du taillis contusionnaient douloureusement ceux d'entre nous qui n'étaient pas plus gravement atteints. Nombre de mes hommes étaient tués, d'autres tombaient blessés ; la plupart, sans cesser de faire face à l'ennemi, reculaient malgré mes efforts ; ils s'arrêtaient pour tirer et reculaient encore en chargeant. Après vingt minutes de feu, la septième compagnie avait perdu vingt-et-un hommes. Je n'en comptais plus que huit en première ligne sur la lisière du bois Daloyau. Ces huit hommes étaient, en commençant par la gauche :

[1] Voir la note 1ʳᵉ.

Le garde mobile Gasnier, de la 7e compagnie ;

Le capitaine Hanquet, de la 7e compagnie ;

Le lieutenant Yvon, de la 7e compagnie ;

Le sergent-fourrier Lumière, de la 5e compagnie ;

Le commandant, M. Bréqueville ;

Le garde mobile Pitou, ordonnance du commandant ;

Le sergent Thomassu, de la 7e compagnie ;

Enfin, et à peine à quelques mètres en arrière du commandant, le sergent-fourrier Paudeleu, de la 1re compagnie.

De ces huit hommes, le commandant Bréqueville tomba le premier d'un coup de feu reçu à la cuisse. Il tomba bravement : car à peine était-il frappé qu'il commandait d'une voix aussi ferme et aussi calme qu'à l'exercice : « Emportez-moi et en retraite. » Les deux hommes les plus rapprochés du commandant étaient le garde Pitou à sa droite et le sergent Lumière à sa gauche ; tous deux s'empressèrent de le relever ; mais tous deux furent frappés à leur tour, le premier mortellement, le second d'une balle dans la bouche : la même décharge atteignait notre commandant de deux nouveaux coups de feu dont un lui traversa la poitrine; son corps retomba inerte. M. Bréqueville était mort, de la belle mort d'un soldat, sur le champ de bataille et en défendant son pays.

Presque au même instant le sergent Paudeleu avait la cuisse traversée. Le sergent Thomassu vint courageusement le relever et tenta de l'enlever; malheureusement son aide fut inefficace, car, après une cinquantaine de pas, une seconde balle, en frappant Paudeleu à la tête, le mit dans l'impossibilité de s'aider et d'être emporté.

Accompagné du lieutenant Yvon qui, avant de rompre d'un pas, abattait encore sous mes yeux un tirailleur mecklembourgeois, je ralliai pour la retraite plusieurs hommes de ma compagnie, disséminés en tirailleurs à différentes distances en arrière et, après une marche de quelques minutes, nous rejoignions sur la partie déclive du bois et dans une coupe récente et découverte le gros des compagnies du bataillon, dans le désordre naturel résultant des divers engagements de tirailleurs soutenus par chacune d'elles. En apprenant la mort de M. Bréqueville, MM. les capitaines me prièrent unanimement de prendre le commandement du bataillon et, à titre de capitaine plus âgé, je ne crus pas devoir me refuser à leur demande.

Si le bataillon sortait des bois en désordre, la cavalerie ennemie, dont la présence m'était signalée, pouvait en nous chargeant nous faire subir presque impunément des pertes considérables. Avant de commander la retraite, j'ordonnai donc aux officiers de rallier et former les pelotons dans le chemin bordant la jeune coupe dans laquelle nous nous trouvions. Le corps entier des officiers témoigna, dans l'exécution de cet ordre, d'un calme et d'une précision qui furent d'un excellent effet sur le moral des hommes et eurent pour résultat immédiat de faire cesser toute confusion. L'ennemi, dont nous entendions alors les hourras, avait d'ailleurs considérablement ralenti son feu, et les balles ne sifflaient plus que par intervalles. Je pus donc descendre le chemin par lequel nous étions montés et sortir des bois à la tête des compagnies en bon ordre, mais incomplètes.

Dans la plaine, nous trouvions sur notre gauche un nombre assez considérable de mobiles disséminés et sortant des taillis soit isolément, soit par groupes ; je continuai ma marche de flanc jusqu'à un point culminant de la plaine présentant, à environ deux cents mètres des bois, un plateau sur lequel je m'arrêtai et formai le bataillon en bataille face à l'ennemi. C'est certainement à cette manœuvre que le bataillon dut de ne pas être assailli par la cavalerie; de plus, je donnais ainsi aux soldats disséminés le temps de rallier leur compagnie et de s'y former en bon ordre. Non-seulement j'attendis dans cette position que le dernier homme en vue eût rejoint; mais, l'ennemi continuant à ne pas se montrer, j'appelai les commandants des compagnies au centre. J'exposai à ces messieurs que, la supériorité trop évidente des forces de l'ennemi ne nous permettant pas de reprendre l'offensive, mon avis était de tenter de passer la Blaise par le pont de Tréon, de nous former en bataille sur la hauteur qui domine ce pont à environ deux cents mètres, et, dans cette position, d'envoyer l'officier faisant fonctions d'adjudant-major à Crécy prendre les ordres de M. le colonel.

Si l'intention de l'ennemi était de nous attaquer de nouveau, il ne pourrait se présenter au passage du pont que par demi-sections, et notre feu de bataillon concentré sur le front d'une demi-section nous permettrait toujours de défendre le passage assez longtemps pour recevoir des ordres ou des renforts.

Cet avis fut unanimement adopté par MM. les capitaines, et nous pûmes le mettre à exécution par une marche de flanc que ne parut pas vouloir inquiéter l'ennemi.

Il me fut alors possible de recevoir le rapport du sous-officier Coche qui, avant l'engagement, avait été, sous la conduite du guide, détaché en éclaireur avec deux escouades. Il avait été conduit droit sur la ferme d'Imbermais; mais, au détour d'un chemin qui longe les bâtiments, il s'était subitement trouvé en présence d'un peloton qui, de moins de quinze mètres, l'avait assailli par une fusillade, sous laquelle la plus grande partie des escouades s'était rejetée dans le bois. Le sergent Coche et le premier soldat Yson s'étaient jetés dans les bâtiments mêmes occupés par l'ennemi, où, après avoir couru le plus grand risque d'être fusillés à bout portant ou faits prisonniers, ils avaient pu s'échapper en escaladant deux murs. Quant au guide, il avait disparu ; mais le sergent Coche témoignait le regret de n'avoir pas eu le temps de le tuer et n'hésitait pas à le qualifier d'émissaire des Prussiens.

Vers quatre heures de l'après-midi, et le deuxième bataillon occupant la position qui défend le passage de la Blaise, on me signala une forte colonne d'infanterie derrière nous, à environ deux kilomètres : elle paraissait se diriger de Dreux vers Nonancourt ou Blévy.

Si cette colonne était ennemie, le bataillon se trouvait exposé à une double attaque simultanée de front et en arrière. J'envoyai immédiatement l'officier faisant fonctions d'adjudant-major en avant prévenir M. le colonel et prendre ses ordres, et fis appuyer le bataillon sur la droite vers Crecy-Couvé. Ce fut alors, mon Colonel, que j'eus l'honneur de vous rencontrer et de me placer sous vos ordres immédiats.

Je conservai le commandement du 2e bataillon, à titre de capitaine plus âgé, jusqu'au 19 novembre, date à laquelle nous rejoignit à la Ferté-Vidame M. le capitaine marquis d'Argent, absent par permission dans la journée du 17, mais dont la belle conduite à Épernon est un témoignage certain de l'aide efficace qu'il nous eût donnée au combat de Tréon. A son arrivée, je m'empressai de lui remettre le commandement du bataillon à titre de capitaine plus âgé.

Mes fonctions de commandant ont donc duré trop peu de temps pour me permettre de recevoir les divers rapports de mes collègues, MM. les capitaines commandant les compagnies; je ne puis en conséquence garantir que la scrupuleuse exactitude du chiffre des pertes subies par la 7ᵉ compagnie que je commande. Le soir du combat d'Imbermais, quatre-vingt-quatre hommes manquaient au bataillon; mais j'ai su que la plus grande partie, après avoir retraité avec les compagnies engagées du 4ᵉ bataillon, nous avait rejoints quelques jours plus tard.

Quant à la 7ᵉ compagnie, le chiffre de ses pertes dans la journée du 17 novembre est de vingt-et-un hommes, dont les noms suivent :

TUÉS :

Herpin, Adrien-François (nº mᵉ 507), d'Arrou ; —

Faifeu, Jean-Sylvestre (900), d'Arrou; — Alliot, Théophile-Cinérique (1,190), de Douy; — Jorry, Jean-Baptiste-Désiré (840), de Courtalain; — Bellessort, Pierre-François (652), d'Arrou; — Emonnet, Louis-François (505), d'Arrou; — Pitard, Louis-Théodore (304), d'Arrou; — Guillon, Fuscien-Hippolyte (981), de Douy; — Moulin, Armand-Isidore (1,852), de Saint-Hilaire-sur-Yerre; — Mansion, François-Théodore (820), de Courtalain; — Pontet, François-Firmin (696), de Châtillon; — Hervet, Alexandre-Pierre (302), d'Arrou [1].

BLESSÉS :

Isambert, Louis-François-Denis, caporal, l'avant-bras droit fracturé et le bras droit traversé par une balle; — Cheramy, Henri-Auguste-Gaudicor, caporal, cinq coups de feu dans les mains; — Pierre, Jules-Simon, la poitrine traversée de part en part, une côte fracturée; — Laugeray, Pierre-Désiré, coups de feu à la tête, à la main et à la cuisse; — Moussard,

[1] Voir la note 2e.

Jean-Célestin, coups de feu à la tête et au flanc ; — Sainsot, François-Noël, une balle à la cuisse ; — Aubry, Louis-Vincent-François, la cuisse gauche traversée.

PRISONNIERS :

Bernard, Alexandre-Casimir (950), de Saint-Hilaire-sur-Yerre ; — Chevalier, Louis-Isidore (942), d'Arrou.

Les forces contre lesquelles nous avons été engagés doivent être évaluées à deux bataillons d'infanterie, un escadron et demi de cavalerie et trois obusiers. Ces forces faisaient en outre partie d'un corps d'armée qui, sous le commandement du duc de Mecklembourg, s'étendait de Chartres à Dreux et, dans la journée du 17 novembre, opérait simultanément contre Châteauneuf, Imbermais, Dreux, etc. Quant aux pertes subies par l'ennemi dans le combat de Tréon, elles ont été certainement fort supérieures aux nôtres; puisqu'au rapport des prisonniers et de nos blessés restés entre ses mains, soixante-seize de ses morts ont été relevés entre le hameau et le bois Daloyau, et que trois voitures chargées de casques, sacs et armes allemandes ont été dirigées d'Imbermais à Dreux, le lendemain du combat.

Je ne puis terminer ce rapport, mon Colonel, sans citer avec honneur le corps des officiers du 2e bataillon, grâce à la fermeté et au sang-froid desquels il a été possible de former les compagnies sous le feu, de faire face à l'ennemi à la sortie des bois et d'opérer honorablement et en bon ordre une retraite que le désordre eût rendue désastreuse.

Permettez-moi enfin, mon Colonel, de vous citer les noms des combattants qui, en ma présence, se sont particulièrement distingués dans la journée du 17 novembre :

1° M. Yvon (Charles), lieutenant à la 7e compagnie, qui, armé d'un fusil saisi dans le champ où nous avons été assaillis, a engagé le premier le feu, s'est battu ardemment au premier rang pendant toute la durée de l'engagement et, resté un des derniers, a abattu sous mes yeux un des soldats du groupe sous le feu duquel tombait notre commandant M. Bréqueville.

2° M. le capitaine Legrand (Adelphe), commandant la 5ᵉ compagnie, que j'ai vu donner les preuves du plus grand calme et de la plus incontestable valeur au milieu du feu qui labourait ses vêtements.

3º CHÉRAMY (Henri-Auguste-Gaudicor), caporal à la 7ᵉ compagnie, engagé à la tête de son escouade dans le dernier bouquet de bois et assailli à l'improviste par les Mecklembourgeois, s'est battu corps à corps avec l'un d'eux qu'il a désarmé ; puis, accablé par le nombre et terrassé à son tour, le caporal Chéramy a eu les deux mains mutilées de coups de feu tirés à bout portant.

4º LUMIÈRE (Maurice), sergent-fourrier à la 5ᵉ compagnie, frappé d'une balle à la bouche au moment où en première ligne il se baissait pour relever notre commandant.

5º THOMASSU (Ernest-Jules), sergent à la 7ᵉ compagnie, resté un des derniers en première ligne, a courageusement relevé et emporté sous un feu intense le sergent Paudeleu, atteint d'un coup de feu à la cuisse.

6º PAUDELEU (Anatole), sergent à la 1ʳᵉ compagnie, est venu volontairement soutenir le feu en tête de la colonne, a eu la cuisse traversée par une balle et a été atteint en outre d'une seconde blessure à la tête.

A l'exception du sergent Lumière qui a été décoré d'une médaille militaire parfaitement méritée, j'ai l'honneur de vous signaler les mobiles qui n'ont pu recevoir aucune récompense de leur belle conduite; puisque jusqu'ici leurs noms n'avaient pu être cités dans aucun rapport officiel.

Je serais bien heureux et vous serais bien reconnaissant, mon Colonel, si grâce à votre bienveillante intervention cette omission pouvait être réparée.

Veuillez bien agréer, je vous prie, mon Colonel, l'expression de mes sentiments les plus dévoués.

E. HANQUET,
Capitaine-Commandant le 2e bataillon
le 17 novembre 1870.

NOTES.

Note 1re.

Les noms des gardes mobiles de la 5e compagnie qui, sur ce point, se sont particulièrement fait remarquer, sont les suivants :

    Seré de Lanauze, sergent-major ;
    Chaillou, sergent ;
    Nicolet, garde-mobile ;
    Brosseron, id. ;
    Gauthier, id. ;
    Guillon, id.

Note 2e.

Un monument funèbre, dû aux soins pieux de M. l'abbé Hervet, aumônier du 2e bataillon d'Eure-et-Loir, est érigé sur la tombe des gardes-mobiles qui ont été inhumés dans le cimetière de Marville-Moutier-Brûlé, le lendemain du combat de Tréon.

www.ingramcontent.com/pod-product-compliance
Lightning Source LLC
Chambersburg PA
CBHW070526050426
42451CB00013B/2880